CINTURÓN DE FUEGO

CINTURÓN DE FUEGO

CAROLINA BUCHELI PEÑAFIEL

Valparaíso
EDICIONES

Número 501 de la Colección VALPARAÍSO DE POESÍA
dirigida por FEDERICO DÍAZ-GRANADOS

Diseño de colección y portada: Chari Nogales
Maquetación: Carlos Henson

Primera edición: octubre de 2025

© De los poemas: Carolina Bucheli Peñafiel
© Diseño de portada: Iryna Lupashchenko

© Valparaíso Ediciones
   C/ Fray Leopoldo, 7 bajo, 18014 Granada
   www.valparaisoediciones.es

   ISBN: 979-13-87538-59-0
   Depósito Legal: GR 1275-2025

   Impreso en España - *Printed in Spain*
   Gráficas Gami

CINTURÓN DE FUEGO

VOZ EN ERUPCIÓN

Conocí a Carolina Bucheli Peñafiel cuando ella estudiaba en la Universidad de Nuevo México, alrededor del 2017. Nos encontramos en los pasillos de la educación y la reconocí semejante en la pasión por la literatura y la poesía. Compartimos la voz; la suya fue fresca, pero familiar; firme y suave a la vez, nostálgica, entregada y sobre todo genuina. Sin grandes atavíos estilísticos, no dejaba a la intemperie sus versos y utilizaba ya entonces las figuras literarias justas: las metáforas y los símiles oportunos, los epítetos sugerentes, las anáforas expresivas, las sinestesias incluyentes que consolidaban y comunicaban lo que, desde lo más profundo de su ser sensible, quería entregar como cuando decía: «Las alas de los pájaros / son ventanas / que se cierran / a la tarde».

Al mirar hacia el paisaje que el pasado nos regala, aspirando su *aroma dulce* (Eduard Thomas) en el desértico Albuquerque que acogió a Carolina por algunos años y donde su pluma decidida esbozó algunas de las primeras ideas para su actual libro; al escuchar en el recuerdo, que se ayuda de un viejo *flyer* que cuelga en mi oficina, donde anunciábamos una lectura de su poesía, lo que entonces ella llamaba «Voz de tinta», y que se trasformó en el *Cinturón de fuego* que ahora pone en nuestras manos, puedo observar que Carolina era en aquel entonces como un volcán joven, casi en nacimiento, extrañamente tranquilo en el exterior, pero no dormido, como un relieve dinámico que lanzaba fumarolas de versos, tremores incandescentes de líneas poéticas mientras se preparaba para hacer erupción en el futuro que se asomaba en su horizonte. Con el transcurso del tiempo, conociendo nuevos destinos, acrecentando sus experiencias de vida y regresando sobre sus pasos al Ecuador de su origen, el volcán se hizo gigante. Carolina y su escritura maduraron y se consolidaron en este poemario de textos tan íntimos como colectivos que delatan su pasión por el arte y particularmente por las letras. Su *Cámara magmática* (Sección I) fundió cristales y rocas; una diversidad de ideas, emociones y sentimientos; *A través de la corteza* (Sección II) con y por su cercanía con la tierra, los palabras tomaron la forma que cada materia reclamaba y cuarenta y siete textos estuvieron listos para surgir por la chimenea del *Cráter* (Sección III), derramarse y abrirse camino como lava imparable.

«Se le puede pedir a un volcán que se contenga...», pregunta Care Santos (*El aire que respiras*, 2013). Esto es lo que sucede con Carolina y *Cinturón de fuego*, no se les puede ni se les debe pedir que se contengan. Hay que leer y releer esta voz que mira alrededor y canta a los «siglos de ceniza que fertilizan nuestras / vidas» (Alerta roja), que rinde tributo a sus volcanes, que alaba la belleza del colibrí y homenajea la lengua kichwa. Andrea Gibson apunta que «Las tierras más fértiles fueron construidas por el fuego de los volcanes» (*The Madness Vase*, 2011). Este poemario es tierra fértil donde han florecido textos que esparcen sus semillas en la mirada, el entendimiento y las emociones de los lectores que tomamos este regalo de versos donde «el viento enfurece el rostro de las nubes / cruza llanuras clavadas al suelo / y sus raíces gotean sin fin hacia la raíz de la tierra (¿Y ahora dónde?). Matt Haig escribió en *The Midnight Library:* «La paradoja de los volcanes era que eran símbolos de destrucción, pero también de vida . . . Ella no era un agujero negro, decidió, era un volcán». La muerte, la naturaleza, la vida se expresan aquí bajo una visión que intenta comprender de qué está hecha la poeta, como se denota en Encrucijada: «Vi más allá / donde la tormenta no podía llegar / y el viento no podía tocar / los caminos fragmentados en mis palmas . . . La vida se había convertido en tender puentes».

«La poesía surge cuando no hay nada que decir, pero tienes un volcán escondido dentro de ti esperando a entrar en erupción» (Debasish Mridha). *Cinturón de fuego* es la esencia de Carolina, Carolina es un volcán.

Bienvenida sea la voz y el ímpetu de Carolina Bucheli Peñafiel a las letras latinoamericanas.

Dr. Carmen Julia Holguín Chaparro
Catedrática de la Universidad de Nuevo México y escritora

COMENTARIOS SOBRE LA OBRA

Cinturón de fuego de Carolina Bucheli Peñafiel es un poemario y un viaje entre el pasado y el presente, la memoria y los fantasmas, la familia y los desconocidos. Te pierdes y te reencuentras entre la vista de los colibríes y el sonido de los escarabajos moviéndose bajo tus pies, evidencia de que «siempre ha habido lucha». Este poemario te acompaña, entre estaciones, recordándote que «hay ciertas cosas que ni la primavera puede devolver». Carolina te empuja, con una voz que mira hacia adelante con una noción: «Aquí sigo, todavía soy». Que este libro te penetre con la misma pregunta que Bucheli Peñafiel considera: «¿Qué recuerdas?». Esta es una poeta y un libro que debes conseguir, una voz que merece ser escuchada.

Lupe Mendez, autor de *Why I Am Like Tequila* (Willow Books, 2019) y Poeta Laureado Emérito de Texas (2022-2023)

Cinturón de fuego nos regala una nueva y potente voz poética en el panorama de la poesía latinoamericana en español. Con su verso libre de constricciones formales, Carolina Bucheli Peñafiel cautiva al lector en un viaje poético volcánico, que tiene como centro temático el movimiento migratorio. Los dilemas que implica la decisión de dejarlo todo atrás, el disloque que arrasa al sujeto migrante una vez llegado al otro lado, y la lejanía amplificada por las restricciones de la pandemia son solo unos de los nudos que toca *Cinturón de fuego* y que lo transforman en un poemario universal, en el que cualquier lector puede reconocerse. La voz poética de Carolina Bucheli Peñafiel, que resuena en esta *ópera prima*, está destinada a dejar una huella profunda en quienes se acerquen a ella.

Alessio Piras, hispanista y escritor, University of New Mexico

Evocando paisajes y leyendas ecuatorianas, el poemario *Cinturón de fuego* de Carolina Bucheli Peñafiel se destaca por su fuerza lírica y la vivacidad de sus imágenes en un trasfondo de pérdida y anhelo. Me sentí profundamente conmovida. A su vez extraños y bellos, versos como «y las flores se vuelven alas / de un un insecto hambriento/de vuelo» y «las mariposas azules son los ojos de la selva» seguirán resonando en mi imaginación por mucho tiempo.

Florencia Milito, autora de *Ituzaingó: exilios y ensueños* y *Sor Juana*, poemario ganador del Premio Chapbook de Alta California

I

CÁMARA MAGMÁTICA

Es porque me sumergí en el abismo que estoy
empezando a amar el abismo del que estoy hecha.
CLARICE LISPECTOR

ALERTA ROJA

Aceptar hay venas que florecen bajo tierra

cuando el magma corre
y el pulso volcánico se acelera.

Es por eso que el Amancay tiembla

y las flores se vuelven alas
de un insecto hambriento
de vuelo

que ya sabe lo que el silencio avisa
y que conoce lo que el tremor enseña.

Pronto
todo lo que podía ser visto será cubierto
de lágrimas grises

y algunos dirán que son de ira
porque, ¿cómo podría ser el amor destructivo?

Aun cuando siglos de ceniza fertilizan nuestras vidas.

CON LO QUE CARGUÉ

El silencio que me rodea es una colina añejada en ira
donde mi inocencia solía crecer.

A mi alrededor   había árboles,
bosques tan grandes   como una vida
                         después de la muerte

                    cráteres llenos de lagos
y sueños volcánicos bullendo en la profundidad.

A mi alrededor   había. Pero llegó el silencio.

A mi alrededor   había. Pero aprendí a callar.

A mi alrededor   había. Pero la muerte se convirtió en
una plegaria

y el amor en lo que no puedo nombrar.

Y desde entonces

cargo

con un país roto,
un hogar perdido,
un fantasma heredado
acechando mi sangre

y cargo

con la necesidad de amar el daño
que ahonda mi silencio,

y aunque otros juzguen,
dejar que ese silencio crezca
con tal de no explicar

y cargo

con un imán de mi ciudad en llamas,
recordándome (con lo que cargué).
Que siempre hay una razón
para no regresar.

Cargué con todo

hasta que comencé a olvidar

lo que cargo.

CUANDO EL GUAGUA PICHINCHA LLORA, LA MAMA TUNGURAHUA SE LEVANTA[1]

El viento esparce el aliento
del Tungurahua sobre los aguacates
y la mirada café   verde   y tomate de las hojas
se cubre de una membrana gris

subo a los árboles   y la ceniza cae de nuevo
pero esta vez del bosque   hacia mi rostro

y poco a poco   la multitud que me rodea puede
volver a abrir los ojos

regreso a casa   y mi madre ríe
parezco un espíritu andino
cubierta de la ceguera que robé a las ramas.

---

1   *El Guagua Pichincha es un volcán ubicado en Quito-Ecuador, y el Tungurahua es un volcán ubicado en una provincia ecuatoriana llamada Tungurahua. Esta frase pertenece a una leyenda ecuatoriana que habla del volcán madre que despierta (entra en erupción), cuando su hijo llora (entra en erupción).*

Cuando Pichincha llora, Tungurahua se levanta.
Pero yo permanezco en silencio.

SEPARACIÓN

«Las mariposas blancas viven solo un día»,
dice mi padre.

Ellas caen sobre el jardín como semillas de pino,
vibrando entre la luz,
agitadas por el silencio de su tiempo acabado.

Hasta su agonía es urgente
—si permanecen quietas
uno pensaría que la muerte las encontraría más lento
pero solo lo hace más rápido.

«Viven solo un día»,   mi padre dice
                                      y entristezco.
                            Ellas no perderán lo que solo años
                                      pueden darle a un ser vivo,

como los momentos entre un padre y una hija,

tan cortos como la vida de las efímeras,

pero suficientes como para mantener
                                      el corazón latiendo,
                      aun durante todo el tiempo que no hablaron.

QUINDE

Con pequeñas alas vuela
—la esperanza de ver el mundo
de ir por la vida   sintiendo
                    que todo empuja hacia adelante
incluso el viento que empuja hacia atrás.

Quinde se posa sobre la chirimoya
bajo sus patas la suavidad de la fruta llama a las larvas

todo lo que rodea al Quinde es vida   incluso la muerte
en sus alas carga el potencial del universo
los colores de una existencia que ya es compleja.

SECRETERO

Al limón se le pide que crezca
sus hojas se acarician
para que acepten abundancia
él escucha sin juicio
y no necesita más que la compañía
de quién lo planta

mira qué verde
este pedazo de Edén
en el que la dedicación crece
a vista y paciencia
de quien lo riegue

mi abuela se sienta con su poncho
bajo el limón y atiende
a pequeñas flores blancas
—susurros de acidez
que se convertirán en sus secretos

detrás de ella observo
y aprendo a contener misterios.

DESTIERRO

Las mariposas azules son los ojos de la selva

bajo el sol   miran
bajo la lluvia   se cierran

pero mi tía no aprecia la indiscreción
y estos ojos de agua le espantan.

De niña no entendía
por qué alguien le daría la espalda al cielo.

Pero a lo lejos
esa mirada envejece
y sus aguas
nos piden regresar.

DISOCIAR

Quisiera

ser la niebla
que no cabe entre los dedos

habitar caminos
que los árboles enredan

acunar
almohadillas[2] que oscurecen las sombras

y no vivir en el momento
                    de no poder regresar a casa.

La niebla abraza el campo donde durmió mi abuelo
sin tener que entender lo que significa
volverse noche

sin tener que entender la culpa
de haber tenido que dejar a un ser querido atrás.

quiero

ser agua
         y no palabras

---

2   *Planta nativa de América del Sur que crece en el ecosistema del páramo.*

sentirme querida
              y no alejada

sentir que las luces que se prenden en la noche
son esperanza

y así como la niebla
              desaparecer.

BOSQUE NUBLADO

I

Cuando la noche suena,
la corriente se riega sobre las ramas

pétalos flotan
cortezas se llenan
árboles sumergidos estiran
sus hojas implorando luz

y a lo lejos   donde aún es de día   el sol escucha

y en el bosque   donde la sombra fluye
él intercede —las luciérnagas se levantan.

II

Las luciérnagas son rasguños que dejó el sol
para cuidar las ramas

y que así los árboles sepan

que el día nunca termina,
aunque sea intermitente
—entre las montañas.

EXILIO

El agua cae
lejana, sombría,
cambiando sueños de infancia
por suave melancolía.

La casa del barranco
está inundada

de fantasmas que se arrullan
por el sonido del agua

—de un futuro
que ya no le pertenece a nadie.

Y cuando la tarde cae blanca
el viento acaricia los cristales

dejando en soledad inquebrantable
a su único habitante

que espera sin descanso
el atardecer del exilio

al cual se sometió

desdichado. Sin haberlo advertido.

MATA

Afiladas
—las espinas que protegen

frágil
—la esperanza que nutre

sueños
—de niñez ecuatoriana.

la guerra empieza
        tan pronto como la pulpa
                aprende a tomar aire

la lucha
        por lo que ha sido guardado bajo llave
                por la naturaleza.

El rojo brota
y no se sabe si de un dedo o de una mora

pero los pájaros saben demasiado como
para perder.

«Ellos son más astutos que ustedes»,
advierte una madre a su hijo,
«pero ve de todos modos

y sé prudentemente audaz».

MENGUANTE

No sé si es solo el acto de creyentes
—buscar señales en el cielo,
pero entonces,　¿por qué las veo?
Formas de las que me solía ocultar.

Un camino de nubes hiere el horizonte
y en ellas encuentro　una cicatriz
en Su mejilla　que sangra
advirtiéndome de la vida.

La noche aún no llega,
pero Él me señala,

«Uña de Dios»
—nombre creciente de la luna.

Debería tener miedo entonces,
si la vida no puede ser la misma

después de haber sido señalada.

CASA ABANDONADA

La luz se enreda entre las ramas

e infiltra los fantasmas.

El niño que no crece
se arrastra hacia su pozo.

El hombre que no sabe que ha muerto
se retira a la guadua.

Por ahora, su eco ya no asusta.

Los espíritus solo hablan de noche
a quienes oyen el llamado del vacío.

Pero nada sobrevive a lo que se alimenta de
sufrimiento bajo un cielo estrellado,

al llanto sin lágrimas de rostros velados
que se esforzaron por ser normales

ante la violencia de sus destinos.

Mientras tanto, el puente se pudre
y la maleza cubre los troncos.

Pero, por ahora, la noche termina
y sus ojos deben fingir que no saben de lágrimas.

INCENDIO

Una vez confié en el horizonte
—que siempre contendría suficientes pájaros

después de que estos abandonaran los árboles
para dar cabida al sol.

Una vez confié en los árboles
—que siempre albergarían suficientes ramas

que no se romperían bajo la certeza
de tener que continuar solas al amanecer.

Una vez confié en los pájaros
—que siempre poblarían el verde

antes y después de que este abrazara
lo que es ser un color.

Confié

que el fuego que vendría sería el
que purifica los campos después de la siega

y no el que absorbe el aire
para regar brasas en el sembrío.

Confié

que el mundo giraría para mostrar la otra mejilla y que
la primavera no me dejaría

con la convicción de que lo que queda del campo, y los
árboles y los pájaros

del ciclo eterno de llegada y de partida son las palabras
que pongo en este papel

para honrar la exuberancia que solía contener este
silencio.

DESPEDIDA

I

Frente a la ventana se sentó mi abuelo
y contempló otras épocas interactuar

frente a él

ofrecieron comida,
gente saludaba
y un hombre se sentó en el techo,

—su habitación se convirtió en una estación radial
para vivos y muertos

y las señales se interpusieron,

hasta que su propia longitud de onda
se volvió demasiado inestable
para sostener el presente.

II

Hasta que un día una niña rompió la estática

y mi abuelo trató de ayudar

—ella corría

entre jarrones que solo él podía ver.

«Cuídala», dijo de pronto.

«¿A quién?» le pregunté

Esa niña

era yo.

ESCARBAR

La última vez que subí a un árbol de aguacate, el cielo era gris, pero era obvio que no iba a llover. Se sentía como yo, infeliz, pero no lo suficiente como para llorar. Había llegado el momento de encontrar un lugar donde no tuviera que esperar a la próxima herida. Pero, aun así, me hubiera gustado quedarme allí un poco más—lo suficiente como para escuchar a los escarabajos anidando bajo la hierba. Si me hubiera quedado un poco más, los habría escuchado golpeando el suelo tratando de encontrar una salida.

El crujido de la tierra
me recuerda que bajo mis pies
siempre ha habido lucha.

II

A TRAVÉS DE LA CORTEZA

Toda la noche escucho la voz de alguien buscándome. Toda la noche me abandonas lentamente como el agua que llora cayendo lentamente. Toda la noche escribo mensajes luminosos, mensajes de lluvia, toda la noche alguien me busca y yo busco a alguien.

ALEJANDRA PIZARNIK

CUANDO DESPIERTO, REVIVO LA MUERTE DE MI ABUELO

Una mente sin dormir es un árbol que pierde color
y los sueños que no se vieron caen
dentro de un otoño que borra
cualquier posibilidad de pensamiento

las imágenes blanquean
los recuerdos secos cortan
mis ojos se convierten en huecos de una corteza
en descomposición

mis raíces vacilan
y yo tropiezo hacia las noches

a mi alrededor solo puede haber silencio
a mi alrededor otros troncos no pudieron salvarse de
nuestro tiempo marchito

porque hay ciertas cosas ni la primavera puede devolver

pero dada la opción y que se haga el invierno
dada la opción que las hojas se consuman a sí mismas

porque   aunque cada noche mis sueños sean distintos

en ellos   él siempre vuelve a la muerte
despierto   y revivo la muerte de mi abuelo.

PREMONICIÓN

El calor del solsticio aligeró mis sueños
—ríos rápidos que hoy caen
por el cuello

hacia el lugar en mi espalda
donde escondo las penas.

En esa corriente
los recuerdos de mi gente
susurran

y advierten

contra aquellos que en mis sueños
se muestran como gatos

que vigilan

y en esos ojos
la noche se dilata
—el vacío depredador de sus pupilas crece.

«Ellos vienen por ti», me dicen en sueños,

y mi espalda duele

con el conocimiento
de lo que yace
detrás del verde

pero la respuesta que tengo dentro
no puedo decir

—los gatos acechan.

Los muertos advierten

y entiendo entonces
que ni siquiera puedo confiar en quienes
dicen aceptarme

los gatos acechan
su mirada inmóvil fija en mí

y sé ahora que van a herirme

pero que solo el tiempo me dirá cómo.

Y AHORA, ¿DÓNDE?

Aquí

el viento enfurece el rostro de las nubes

cruza llanuras clavadas al suelo
y sus raíces gotean sin fin hacia la raíz de la tierra.

La luz golpea al norte distinto

el sol baja el horizonte
y convierte los días en un espacio liminal

sus rayos queman los árboles bajo un sueño naranja
que asfixia con el pasar de los meses

y la atmósfera cobriza
no logra despertar del todo a la gente.

Una vez más dejo de reconocer los árboles
y las ramas, donde el vacío de los pájaros
encoge el corazón.

Estoy rodeada de una belleza que aún no comprendo.

O tal vez

he viajado demasiado lejos.

ALLÁ AFUERA

I

Me escondo de alguien

allá afuera

las estrellas trazan mis cicatrices
sin revelar mi rostro

allá afuera

me pregunto si los muertos pueden verme,

si saben que espero

a que algo menos peligroso me suceda.

Pregunto
si pueden oírme
y si lo hacen   que vengan

porque cualquier espacio que ocupen
ya está demasiado lleno

y aquí a hay un silencio demasiado cargado

una pausa insatisfactoria

en la que busco a otros para no encontrarme.

II

Años después, aprendo
a volver a este momento

aprendo a volver

y descubro que no solo eran mis muertos
quienes miraban desde arriba.

VACÍOS DE TINTA

Mis recuerdos
son una cárcel hecha de imágenes
que cambian cada vez que recuerdo.

Ellas se acumulan
en el pecho
y estancan.

Sostengo bajo mis dedos
la posibilidad de no morir
con una historia callada

de un mundo
donde no le tenga miedo al sonido

y donde la libertad de la frase
que no puedo decir

pueda tomar forma.

Pero por hoy

la sostengo en mi boca

y vacíos de tinta
se esparcen sobre las páginas

cubriendo lo que
no pudo ser escrito
o aceptado por mí.

CALDERA

Mi alma busca un camino, hacia arriba,
una salida,

aun cuando solo encuentra
susurros de una superficie.

Hay una vida atrapada en mis ojos,
confinada a mi piel,

y la gente no recibe más que susurros

de un calor reprimido en mis huesos,
arroyos de lo que una vez fue río,
fumarolas de lo que una vez fue sismo.

Soy un paisaje acallado,
rastros de energía sísmica,

y todo lo que puedo decir es
—aquí sigo, todavía soy.

SAUDADE

Hay momentos oscuros
en los que no puedo encontrarte en tus ojos
y en la garganta de la tarde no encuentro mi voz

el cielo es un vacío que no reconozco
y la soledad del tiempo no me habla de dios

estás tan cerca, pero no puedo abrir la boca
porque tu alma ya no mirará hacia la mía
no importa cómo exprese mi dolor

sé que te perdí cuando otros no lo hicieron
porque así nunca te haya tenido
nunca pude decirte que no

así que huye de mí como la oscuridad de la luz
huye de mí como el verano de los pájaros
olvídame en la forma que yo no puedo

termina de romper mi voluntad
para que el aire pueda irrumpir en mis pulmones
 la noche pueda irrumpir en mi mirada

y yo pueda convertirme
en el sol que escapa mi ventana.

SEGUNDO DE NOVIEMBRE

Los muertos caminan
y a veces
están más presentes que los vivos.

Cedrón, ishpingo, arrayán—
los míos hablan un idioma que yo entiendo

y caminan por los días en los

que yo no veo ni a los vivos.

Naranjilla, mortiño, babaco—
bebemos para honrar su sangre
frutos que aquí no tienen raíz

y parecería
que yo tampoco puedo tenerlas.

Extraño

el pan de forma humana que comemos para honrar

lápidas que esperan a que yo las cuide.

Aun así, aquí aprendo lo que significa
sacar fuerza de un lugar construido

y aprendo a levantar altares
sobre mis días,

para no olvidarme de mí misma

hasta convertirme en un espacio liminal
que contiene a la vida y la muerte entre los labios

y entiendo que aquí o allá

los muertos son los muertos,
y eso
me sostiene.

MALPAÍS

Demasiado afilada
para la vida.
A veces, aquí
la gente me espina.

El sol
desentierra cualquier grieta

que mi piel pretenda ocultar

y a veces
yo tampoco soporto ver mi rostro.

Esta tierra es casi un páramo
y yo casi alguien con quien la gente hablaría,
pero la mayoría se contiene.

Aquí no crece nada
excepto mi vergüenza.

Temo que mi alma se vuelva algo demasiado afilada
para cualquier forma de vida,

inadecuada,

sin adaptar,

en el silencio de mi pasado intacto.

CANDADO

El calor es sombra que adormece las manos.

La posibilidad de la palabra reposa
inmóvil
bajo párpados que no absorben el mundo.

Las formas existen bajo un soplo de luz,
pero estoy ciega a ellas.

No veo el nombre
que surge de las cosas
y estoy cansada,

ya no extiendo mis manos para intentar definir.

Hoy soy un cajón cerrado
y el mediodía pesa

es un candado que, como mis sueños,
prolonga la hora en que me interese abrir.

ENTRE GALLOS Y MEDIANOCHE

Las cucarachas inundan
con su audacia
las calles

y no hay humanidad que salga
y cuando esa marea sube

grito

a un cielo que parece alejarse de mí.

Es todo lo que hacemos hoy en día
mis amigos y yo
—estas noches las usamos como venda.

Y cuando la gente duerme
tropezamos entre corrientes desérticas
que otros no quieren ver.

PRETENDER

La hora de los muertos llega

y a mi lado yace alguien mirándome temblar,
tratando de acariciar las pesadillas recurrentes lejos
de mis manos,

sin atreverse a despertar a quien dice amar
porque escucha a los muertos

y sabe

que vienen

aunque preferiría ignorarlos.

Sostengo mis sueños como a una cuerda
que me quema los dedos

y él pretende alejarla de mí.

La parte de él que duda
escucha las voces de los caídos
y me deja dormir

debo ser yo quien los enfrente.

Las manecillas rasguñan el reloj
y ellos entran a mi cuarto

han venido por la mujer
que él dice amar

y el cabello quema mi cuello,
tensado por lo que él prefiere no ver.

Solo puede ver mi dolor,
pero no es suficiente para que me despierte.

MIRILLA

Camino entre puertas silenciosas
que ocultan el rostro de la vida

y muestro el mío
cuando pienso que no me miran.

Pero, ¿cuántas veces lo he visto?
El fondo de oscuridad cargada,
el reflejo de mi piel rota contra su ventana.

Estoy en algún lugar
entre un pasillo que no empieza
y un callejón que nunca acaba.

Pero, como siempre, la máscara cae
cuando un suspiro lejano escapa
y se rompe la ilusión solitaria

—el dolor oculto que ha dejado de ser mío

porque los ojos de la puerta siempre están abiertos.

¿HASTA CUÁNDO?

Te iba a extrañar,
pero no con la soledad
        de un pájaro herido
                libre en la estación equivocada

        o la nieve prematura
             que no tiene más remedio
                  que diluirse en silencio.

Mis pasos no vacilarían bajo el peso de
              tener que recordar
                   la luz retirándose
                     de tus ojos

mientras cambiabas amabilidad
por indiferencia fingida.

Entendí que te extrañaría
        como las cosas ligeras
como la conversación con un extraño en la mañana
o el sonido del café.

Te extrañaría como las cosas ligeras de la vida que
             molestan al corazón por meses

hasta que un día
        cuando te das cuenta

ya fueron olvidadas.

Solo duelen cuando regresan

fugaces
a regañadientes
sin ser invitadas

—una astilla incandescente en el anhelo
un destello de verano en febrero
un atisbo de esperanza en la ventana.

Te iba a extrañar

hasta que no lo hiciera.

NO ES QUE

No es que no me quiera
o que mi corazón no admita más vida,

ni que siempre piense que las palabras que nacen en mí
estén mejor sin ser escritas.

Es que acepto mi silencio
porque hay más de una forma de hablar,
es que no desespero porque me conozco,

y sé que a veces me doy por perdida
cuando ya solo quedan mis huesos
para sentir las heridas,

y no admito palabra
que permita consuelo,

porque son demasiadas las veces en las que recuerdo
y prefiero olvidar.

Pero, aún así, no desespero

porque también sé que siempre despierto,
y que las raíces de mi anhelo son
más profundas que el dolor,

y que gritaré primavera antes de tiempo
porque me ayudará cuando la noche no sea clara

y que aceptaré el viento en mi pecho
aunque no haya sonido que indique
que, aunque el frío no acabe,
el invierno sí lo hará.

Es que confío lo suficiente en mí
para saber

que algún día

volveré
a mí misma.

SUPERFICIE

Tuve que tomar un avión que no quería y alguien me dijo
que todo lo que tenía que hacer era sentarme. «Es como
saltar, sube a ese avión y que la gravedad se encargue
del resto». Seguí ese consejo y hasta hoy puedo sentir la
gravedad jalándome a través de este mundo tan distinto
en el que estoy ahora. Pero ahora que lo hice y ahora que
me traje, a veces quisiera volver a ese momento antes de
saltar. A veces me doy cuenta de que no reconozco el suelo
que piso ni los árboles que susurran como dedos que se
rozan tratando de encontrar calor.

El sonido del escarabajo
aún suena en mi oído
— el fantasma de lo dejado atrás.

III

CRÁTER

Ríos furiosos, ríos turbios, ríos veloces,
(Pero nadie nos mide lo hondo, sino lo estrecho.)
Mordemos las orillas, derribamos los puentes.
Dicen que vamos ciegos.

Pero vivimos.
JOSÉ HIERRO

SIERRA

En mi garganta   las palabras que no puedo decir
se atan alrededor de mis huesos

mi ira es antigua
       ha derrumbado montañas
             lanzado piedras
                  y cerrado abismos

por milenios
he sentido mi ira desenraizar la tierra
serrar planicies   y convertir pináculos en arena.

No hay alivio
      en una cara conocida
      ni consuelo en la memoria
no hay vida después de la muerte
      ni dios mirando desde arriba

abajo   nadie castiga

solía ser una grieta apenas perceptible en el suelo
     hasta que fui rasgada por palabras.

ENCRUCIJADA

Vi más allá

donde la tormenta no podía llegar,
y el viento no podía tocar

los caminos fragmentados
en mis palmas.

Mirar al corazón   roto,
pero nadie que lo alcance

conocer una historia   sin contar,
pero nadie que la escuche.

Mirar al techo derrumbado de la mente
descendiendo
los muros fragmentados de mi juicio
y de cualquier noción
del yo   que me quede.

La vida se había convertido
en tender puentes   entre dos tragedias
y esperar a que la siguiente me encontrara.

Pero

cuando llegó el momento
y llegó el trueno

y el silencio advirtió
de lo que aún podría venir

en lugar de correr

miré hacia la lluvia

y la dejé caer sobre mí.

IN MEMORIAM

Los recuerdos me abandonan

    de noche arden en mis sueños
      y escapan de mis párpados como humo

un techo blanco refleja mi pasado.

«¿Qué recuerdas?», pregunta mi madre.
        Olas de humo.
      Violencia envuelta en blanco
      para que mi mente no se destruya.

«¿Antes de eso?»
      Los muertos
        eran tantos.
«¿Y luego?»
     No sé
      el blanco no lo permite.

«¿Siempre es igual?»
        No, algunas noches
          el fuego no arde
            con suficiente fuerza
y despierto
y estoy en otro país
la frontera está cerrada
y la piel duele por no haber podido
tocar a otro ser humano en meses.

Los cuerpos se amontonan en las calles,
leo

no había nada a mi alrededor excepto gritos sin rostro
                    de mis vecinos cada madrugada.
    La cifra de muertos en Ecuador durante el brote está entre las
    peores del mundo, leo.

Solo quiero ir a casa
                    solo déjenme ir
                                solo déjenme

El fuego arde, pero no con suficiente fuerza
            e imagino a mis vecinos en el piso de arriba
                        congelados

        solo humo puede salir de sus bocas

        solo humo puede fluir entre ellos

cada noche vacían su alma hacia el otro
y yo trato de escapar el humo.

Ecuador es una señal espeluznante de cómo el
COVID-19 devastará al Sur Global

Estoy atrapada en otro país
                    la frontera está cerrada

hace tanto que no toco a otra persona
                que me duele la piel

«ya no tenemos país», me dice alguien
y me pierdo en un bosque blanco
               donde crecen todas las cosas
                           que no quiero
                                que sean verdad

los muertos son abandonados en sus casas
¿y si soy uno de ellos?

Por la noche sueño que mi abuela lo es
                           y estoy atrapada

¿Dónde están los cuerpos? Los restos desaparecidos significan
que no hay paz para las familias en duelo en Ecuador

«Ya no tenemos país, es un estado fallido»,
me dice alguien

tal vez, pero todavía tenemos una familia, ¿verdad?

Por favor
        déjenme volver

«la frontera está cerrada», me dicen.

Solo quiero volver a casa
                  por favor
                        déjenme volver
                           solo déjenme.

SOLEDAD

Las alas de los pájaros son ventanas
                    que se cierran a la noche

el cielo es una pared blanca llena
                de agujeros por donde la luz tropieza
                            antes de llegar al campo.

Ahora
        las nubes ocultan el ocaso
        y los pájaros se asustan con
                        la ausente agonía del sol.

Las casas
        cansadas de la tierra
                    cortan el viento que atraviesa
                        el sembrío y hablan de abandono.

Cuando la noche cierra
                el mundo parece acabar

pero no es triste
            el momento en que el silencio reconoce la tierra

es solo que todo lugar tiene un momento
                        en el que la soledad cobra
                                    sentido.

MIRLOS

Era la primera noche de primavera
y el equinoccio le mostró al mundo
que abrazar la luz
significa abrazar la sombra

y los helicópteros
                volaron
                        sobre mí.

Intenté alejar mis pensamientos
de sueños de estar atrapada con los muertos,
y de despertar
y estar atrapada con los vivos.

Pero cuando salió el sol,
no pude evitar que se desvaneciera
lo que mis palabras intentaron construir.

                Me dije
                        que el ceibo esperaba
                que los que me aman me buscaban
                y que serían mirlos
                                los que volarían
                                        sobre mí

que la tierra a la que no podía volver
anhelaba que otros escucharan
cosas que yo podía oír.

Al final, tuvo que ser suficiente
                    la gratitud
            de que la vida me permitiera
                    escuchar el lenguaje del mundo
y que me recordara que todavía podía elegir.

PICHINCHA[3]

Rucu se extinguió hace siglos,
pero en sus faldas aún está su nieto

y ambos me dicen que muestre lágrimas
como lo hace la tierra.

—Guagua llora, porque es natural llorar,
y sus lágrimas me han contemplado toda la vida.

Sabe que su madre escucha
aunque no siempre la vea,

porque su llanto es sagrado
y su voz fue hecha para moldear la vida de mi gente.

Hay santidad en su horizonte roto, en la manera en que
sus manos sostienen el valle que nutre mis sueños.

Y, a cambio, intento honrar esa altitud sagrada
y me dejo sentir.

---

3   *Rucu y Guagua son dos picos de la montaña Pichincha.*
Rucu es un volcán inactivo y Guagua es un cráter activo. Rucu
significa «anciano» y guagua significa «niño».

DÉPAYSEMENT

La lluvia llegó de julio hasta el confín de la tierra
donde no había viento
ni gente
y casi
no había calor

y la soledad se quedó con la sutileza de una sola gota

hacía tiempo que el mundo se venía acabando
pero, ¿qué era nuevo?
Mi padre dijo que se venía acabando
desde que era niño

aun así
estábamos medio desvanecidos y
entendí parcialmente la muerte de mi abuela

estábamos medio desvanecidos y
entendí parcialmente la muerte de mi tío

y me pregunté
cuántas ramas de mi árbol se marchitarían.

Hubo una fuga de agua y mi madre llamó al plomero,
pero había muerto y mi madre rompió a llorar

«Él trabajó con nosotros desde que vivía tu abuelo».

No había a quién llamar porque tal vez
ya no estarían al otro lado y el silencio
        creciente nos desenraizó el pelo

    el agua se comió la madera y
quedó abierta como una herida

            aun así, no sentía que mereciera llorar
cuando otros perdieron y sufrieron mucho más

y mi pérdida quedó como una herida abierta
        y hasta el día de hoy la madera se pudre.

GUAYLLABAMBA

Montañas
—soldados de la noche que aclaran con la luna.

Sueltan sus escudos de cal al viento
y nublan el valle con sonoridad de roca

polvo blanco que enciende el aire
cantera que contiene la posibilidad del ruido

envuélveme en tu paciencia milenaria
de aceptar ser moldeado por el tiempo

ayúdame a entender la fuerza
de ser suave.

PALO SANTO

Durante el equinoccio
        mi soledad creció alas,
pero en vez de la primavera
       llegó la muerte

y el sol se mantuvo sobre mi país
           inmóvil
       iluminando los pecados de mi gente

por meses
    vivimos el mediodía y no hubo
    sombra que nos ocultara del cielo

por las calles corrió sangre
      sin lluvia que lavara
    y nadie vino por nosotros

morimos como vivimos—en las sombras del mundo,
pero nuestro dolor no fue menos significativo.

El espíritu solar purificó,
       pero el fuego se llevó
          a nuestros seres queridos
            sin sus sacramentos

—miles que se aferraron a la promesa de resurrección
vieron su último deseo convertido en ceniza.

Lo que quedó de nosotros fue asimilado
por una creciente niebla gris

y todo lo sagrado se nos fue arrebatado,
incluso los lazos que tejen a las familias

y los que sobrevivieron desearon no haberlo hecho.

Nos convertimos en

una sola nota

en una sinfonía de muerte

y, aun así, rezamos,

pero serían años hasta que pudiéramos escuchar

algo de vida

aun creciendo en la caverna rota

de nuestros pechos.

ELEGÍA A OLIMPIA

Cuando mi abuela entristecía,
       contemplaba la topografía blanca de las nubes

desde su cocina
sentía al mundo profundamente,
pero no sabía cómo expresarlo.

En cambio, rezaba por nosotros
a un paisaje
        que esperaba
          que todos
            eventualmente pudiéramos alcanzar.

Olimpia no sabía cómo decirme que me amaba

En su vez
       cosechaba su jardín
           y hablaba el lenguaje de las frutas

limón   para la nostalgia
frutilla   para la felicidad
tomate de árbol   para el cuidado
piña   para la inspiración
mora   para la esperanza
naranjillla   para la inquietud

las mezclaba en oraciones

en un vaso destinado solo para mí
y me decía lo que sus palabras nunca pudieron

las bebí
y heredé un mundo.

Cuando nos mira desde su cielo
me pregunto si puede ver reflejos de nuestras vidas
en los charcos de su paisaje

me pregunto
si puede verme aprendiendo su idioma

e intentando alcanzarla.

OBSESIÓN

Hay pensamientos que agrietan la mente
como hierbas a terreno baldío.

Sobre mi cráneo la piel se torna árida,

y el cabello cae,
cae, y nada crece, cae,
excepto variaciones del mismo pensamiento.
Cae.

Y contra mi instinto, debo dejar caer todo.
Aprende. Intenta. Deja ir. Solo deja.

La realidad se vuelve un espejo hundido
y solo Dios sabe en qué se convierte la realidad entonces

pero la repetición tuerce aún más las cosas
y no puedo conversar sin
regresar. Al inicio.

Vuelve.
A ti misma.

Combate repetición
con repetición

Vuelve. A ti. Y deja caer.

Cuestiona. Cada pensamiento. Que caiga.

Respira la parte de ti que
trabaja día y noche para traerte de vuelta

y deja.
Caer.
Al resto.

LIBERTAD

Los meses pasaron
como gotas en la ventana

y los hubiera contado

pero en ese entonces
yo no estaba del todo ahí

como para presenciar mi visión.

Fragmentos de mi alma se habían quedado

atrás

en recuerdos

pero en ese entonces
mi lengua no estaba del todo ahí

como para describir lo que me faltaba.

Mi cuerpo era un espacio incómodo

y dejé de sentirlo

porque en ese entonces
mi piel no quería estar ahí
para tener 25.

Pero

la esperanza tuvo que ser suficiente

para impulsar las palabras solidificadas
en la garganta

y sentir que

tal vez

sí merezco

hablar.

TUNGURAHUA

Mi madre fue hecha en piedra
                    y tallada en fuego

con ella hablo
           cuando al mundo callo

porque no importa cuán lejos
            la tierra es la tierra es la tierra
                         y ella ha vivido más.

Mi madre es de piedra
                y erigida en magma

me dice que hable y adore
               con la misma fuerza que vibra
                            en el latido de mi cuerpo

el movimiento telúrico
              con el que muevo al suelo

porque yo también tengo el potencial de la energía

y me dice que no tema
                la injusticia

que ella llega y sabe lo que pasa en cada cúpula y abismo
y que ningún secreto queda sin salir

a la luz

mi madre habla en fuego
                    y llora en ceniza

ella es norte y sur
                    arriba y abajo

y me sostendrá

cuando regrese a su vientre

y renazca

hacia el más allá.

ESTRELLA DEL CHIMBORAZO[4]

El colibrí ecuatoriano no migra
lejos   se posa en el aire

ante la posibilidad de néctar

su vida acaba   pero no la primavera que lo sostiene.

El colibrí ecuatoriano abraza la muerte
de la misma forma en que abraza la vida

con el pico abierto

se entierra bajo tierra dispuesto a alimentar la tierra y

cuando el momento llegue   la chuquiragua consolará

a sus crías de la ausencia.

El colibrí
       ecuatoriano
          no migra lejos.

---

4   *Especie de colibrí nativa de los Andes ecuatorianos.*

CORDILLERA

En mi rostro   otros depositaron esperanza
de una belleza que no poseo

ciegos a la que sí tengo.

En ojos de piedra   buscaron al mar
en tierra de quinua   la arena
en clima de páramo   al calor del manglar

y en mi corazón su nombre

sin haber amado al mío
        —al que intentaron derribar
                        y reconstruir
                        a su antojo.

Pero
en mis facciones residen los Andes

        mi lengua contiene el filo de la cordillera
        y el cóndor espera mi señal para emprender vuelo
                        y elevar mi voz.

Perdí a la gente
        que mi pasado
                me hizo creer
                        que debía amar.

Perdí los momentos breves de felicidad
        —un retazo de sol en la neblina
                de calor en la altura.

Pero la roca no es arena
        y el río no es el mar
                ni páramo   manglar

y soy quien soy

y los Andes no pueden sino ser
                empujados hacia las estrellas.

VUELO

Dejé de vivir en un valle donde siempre es verano y primavera. Pero cuando cerraba los ojos, todavía escuchaba al mirlo piando por su madre en horas intermitentes de la oscuridad. Solía preguntarme si no le habían enseñado la diferencia entre el día y la noche. Entender menos, saber menos—ser como él. A veces lo que viví y lo que había visto me pesaban y, como el mirlo, no podía dormir. Por la noche, a veces pensaba en los que había dejado. A veces la mañana era demasiado clara y yo también quería llorar; pero, a diferencia de mí, el mirlo tenía quien lo fuera a ver y yo me conformaba con cerrar los ojos. Pero a diferencia de él, yo sabía que yo estaría bien. Tengo la fuerza de soportar mundos ásperos y tragedias, y al final del día, todavía puedo ser suave. Al final del día, todavía puedo sentir alegría, aunque a veces se me olvida de que puedo.

Aprendí del escarabajo andino a romper la tierra
para hacer espacio a un firmamento
que no pensaba merecer.

ÍNDICE